Bibliografische Information der Deutschen Nationalbibliothek:

Die Deutsche Bibliothek verzeichnet diese Publikation in der Deutschen Nationalbibliografie; detaillierte bibliografische Daten sind im Internet über http://dnb.d-nb.de/ abrufbar.

Impressum:

Druck und Bindung: Books on Demand GmbH, Norderstedt Germany
ISBN: 9783640498253

Dieses Buch bei GRIN:

http://www.grin.com/de/e-book/140201/ingeborg-bachmanns-undine-geht

Herta Mackeviciute

Ingeborg Bachmanns „Undine geht“

Ein Vergleich mit Friedrich de la Motte-Fouqués „Undine“ und Jean Giraudoux' "Undine"

GRIN Verlag

Wintersemester2007/08

Ingeborg Bachmanns „Undine geht“.

Ein Vergleich mit Friedrich de la Motte-Fouqués „Undine“ und Jean Giraudoux’ „Undine“.

Herta Mackeviciute

Disposition

1. Einleitung

In meiner Arbeit möchte ich herausfinden, ob Ingeborg Bachmann sich wirklich auf Fouques *Undine* und Jean Giraudoux' *Ondine* bezieht. Zunächst möchte ich das Märchen von Friedrich de la Motte Fouque „Undine“ anschauen und genauer analysieren und dann dieselbe Methode bei Giraudoux´ *Ondine* vornehmen. Ich finde die Biographie von Ingeborg Bachmann ist auch ein sehr wichtiger Teil meiner Arbeit um besser ihr Werk *Undine geht* verstehen zu können.

2. Undine als liebendes Wesen

Allen nun folgenden Erzählungen liegt das alte Melusinenthema zugrunde, das in groben Zügen in sehr vielen Volkserzählungen des indoeuropäischen Raumes immer wieder vorkommt und auf mythische Stoffe zurückgeht.
Es geht um die Liebesverbindung zwischen einem Naturwesen und einem Menschen, dem ersteren ermöglicht, menschliche Züge zu gewinnen, meistens ist damit (später durch den christlichen Einfluss) die Seele gemeint, die diese nicht besitzen, weil sie dem Tierischen zugeordnet werden. Die Aufrechterhaltung des gewonnenen Guts ist an bestimmte Regeln gebunden, die jedoch bei Überschreitung ungünstige Konsequenzen nach sich ziehen.[1] Das Naturwesen ist „überwiegend weiblichen Geschlechts; es ist eine Nymphe oder eine Wassernixe, eine Meermime, eine Meerfrei“.[2] Undinen müssen geliebt und geehelicht werden, um als Menschen leben zu können. Dazu geben sie oft ihr eigenes Ich auf und passen sich an. Umso schlimmer ist es, wenn sie von ihrem Geliebten verraten und betrogen werden. Sie geben sich tatenlos ihrem Schicksal hin und verfallen in tiefe Trauer und Leid. Ihren Schmerz tun sie mit Tränen kund und ziehen somit Sympathie und Mitleid auf ihre Seite.[3] In wie weit Ingeborg Bachmann sich an diese traditionelle Aufarbeitung des Stoffes hält, wird zu zeigen sein.

---

[1]Vgl. Jürgen Jannig: Vom Menschenbild im Märchen. Kassel: Röth, 1981.S.59 ff.
[2] Ebd. S.59

3. Fouqués *Undine*

Undine von Friedrich de la Motte Fouque erschien 1811 in der Berliner Zeitschrift *Jahreszeiten*, die von Fouqué selbst herausgegeben wurde[4]. Das Märchen erfreute sich so reger Beliebtheit, dass es noch im gleichen Jahr als selbständige Buchausgabe im Julius Eduard Hitzig Verlag veröffentlicht wurde.

3.1. Quelle und einige Bearbeitungen

Der Stoff der halbmenschlichen Wassernixe ist seit jeher ein äußerst beliebter in der Literatur. Die älteste bekannte Überlieferung ist jene von Paracelsus, die Fouqué selbst auch namentlich erwähnt. Während Arno Schmidt in seinem Aufsatz *Undine*[5] meint, es bestünden Ähnlichkeiten zwischen der Undine und der Melusinen- und Staufenberger-Sage, beruft sich Fouqué selbst auf Paracelsus, indem er sagt, dass er aus

> „Theophrastus Paracelsus Schriften schöpfte. Ich benutzte die Ausgabe von Konrad Waldkirch zu Basel, vom Jahre 1590, in deren neuntem Theil [...] das *Liber de Nymphis, Sylphis, Pygmaeis et Salamandris et de caeteris spiritibus*[6] mir das ganze Verhältnis der Undinen zu den Menschen, die Möglichkeit ihrer Ehen usw. an die Hand gab."[7]

Auch in der Gegenwart verliert der Stoff der Wassernixe nichts an seiner Aktualität. Von Hans Christian Andersen für Kinder aufbereitet und von Jean Giraudoux 1939 den Franzosen wieder ins Gedächtnis gerufen. Fouqués Zeitgenosse E.T.A. Hoffmann komponierte sogar eine gleichnamige Oper.

3.2. Inhaltsskizze

> „ Du sollst wissen, [...] dass es in den Elementen Wesen gibt, die fast aussehen, wie ihr, und sich doch nur selten von euch blicken lassen. In den Flammen glitzern und spielen die wunderlichen Salamander, in der Erden tief hausen die dürren, tückischen Gnomen,

---

[3] Vgl. ebd. S.59 ff.

[4] „Jahreszeiten" erschien im Julius Eduard Hitzig Verlag von 1811 bis 1814, jährlich eine Ausgabe. Die Titel waren den Jahreszeiten zugeordnet, *Undine* erschien im „Frühlings-Heft".

[5] Arno Schmidt: „Undine". In: Arno Schmidt: Das essayistische Werk zur deutschen Literatur in 4 Bänden. Sämtliche Nachtprogramme und Aufsätze. Bd. 3, Zürich 1988, S. 52 f.

[6] Zu deutsch: „Das Leben der Wassergöttinnen, Sylphen, Däumlinge, Salamander und Erdgeister"

[7] Klaus Tieke: „Ich war so leicht, so lustig sonst." Zum Frauenbild in Friedrich de la Motte Fouqués Erzählung „Undine". In: Praxis Deutsch 20, 1993. S. 54.

durch die Wälder streifen die Waldleute. Die der Luft angehören, und in den Seen und Strömen und Bächen lebt der Wassergeister ausgebreitetes Geschlecht."[8]

Fouqué führt uns in eine Welt, die sich eine Art Parallelwelt neben sich stellen lässt. Die Repräsentantin dieser Parallelwelt ist vor allem Undine, die wir zunächst als „näckisches", junges Mädchen kennen lernen. Eine Wassernixe in Menschengestalt, die bei einer Fischerfamilie aufwächst, nachdem ihr (der Familie) eigenes Kind in den See gefallen war. Trotz ihrer 18 Jahre ist Undine ein ungestümes Kind, das allein von ihren Trieben beherrscht wird; sie ist als Elementargeist seelenlos. So bleiben ihr höhere Tugenden wie z.B. Rücksichtnahme auf die Eltern, Einfühlungsvermögen, Mitgefühl, Hilfsbereitschaft, die Fähigkeit seelischen Schmerz zu verspüren und dergleichen, für sich selbst verborgen und ebenso unerreichbar wie ein Leben nach dem Tod.

> „Wir wären weit besser daran, als ihr andern Menschen; - denn Menschen nennen wir uns auch, wie wir es denn der Bildung und dem Leibe nach sind; - aber es ist ein gar Übles dabei. Wir, und unseresgleichen in den andern Elementen, wir verstieben und vergehn mit Geist und Leib, dass keine Spur von uns rückbleibt, und wenn ihr andern dermaleinst zu einem reinern Leben erwacht, sind wir geblieben, wo Sand und Funk' und Wind und Welle blieb. Darum haben wir auch keine Seelen; das Element bewegt uns, gehorcht uns oft, solange wir leben, zerstäubt uns immer, sobald wir sterben, und wir sind lustig, ohne uns irgend zu grämen, wie es die Nachtigallen und die Goldfischlein und andre hübsche Kinder der Natur ja gleichfalls sind. Aber alles will höher, als es steht. So wollte mein Vater [...], seine einzige Tochter solle einer Seele teilhaftig werden, und müsse sie darüber auch noch so viele Leiden der beseelten Leute bestehn."[9]

Der einzige Weg für Undine, eine Seele zu bekommen, ist der, einen Menschen zu ehelichen. Als der Ritter Huldbrand von Ringstetten[10] durch den verwunschenen Wald nicht zufällig (er wird von Undines Onkel Kühleborn, einem mächtigen Wasserwesen, zu ihr geleitet) zu Undine findet und sich in sie verliebt, wird der Wunsch von Undines Vater erfüllt – es findet eine Vermählung statt und die Nixe wird (nach der Hochzeitsnacht) zum Menschen. Damit verändert sich ihr Wesen (nicht aber ihre Gestalt) grundlegend: „[...] still, freundlich und achtsam, ein Hausmütterlein, und ein zart verschämtes, jungfräuliches Wesen zugleich. [...] engelmild und sanft."[11] Nichts ist geblieben von den unbändigen, wilden, eigensinnigen, emanzipierten, impulsiven, temperamentvollen Zügen des Naturwesens[12], die Undine zuvor in

[8] Friedrich de la Motte Fouque: Undine. Reclam Verlag, Stuttgart 2001. S. 46.
[9] Friedrich de la Motte Fouqué: Undine. Reclam Verlag, Stuttgart 2001. S. 47 f.
[10] Hier wird der romantische Bezug zum Mittelalter deutlich, im Gegensatz dazu bezieht sich die Klassik auf die Antike.
[11] Friedrich de la Motte Fouqué: Undine. Reclam Verlag, Stuttgart 2001. S. 45.
[12] Eigenschaften, die man auch den Stürmern und Drängern zuschreibt.

sich vereinte: nun ist sie beseelt und muss „[...] darüber auch viele Leiden der beseelten Leute bestehn."[13]

Huldbrand nimmt sie als seine Braut mit auf sein Schloss, wo Undine Bertalda, die ehemalige Geliebte ihres Mannes, kennenlernt. Sie ist, wie sich später herausstellt, die leibliche Tochter der Fischersleute. Huldbrand kann sich im Laufe der Zeit der Anziehung zu Bertalda nicht erwehren. Er wendet sich immer mehr von Undine ab, bis er sie schließlich auf einer Schiffsreise in ihr Verderben stürzt. Trotz des Wissens, seine Ehefrau nicht in der Nähe eines Gewässers „schelten" zu dürfen, entzürnt ihn seine Wut darüber, dass Undine noch Verbindung zu den Wasserwesen hat (sie will Bertalda ein Korallenhalsband aus dem Wasser reichen, weil diese ihre Kette gedankenverloren in den Fluss fallen hat lassen), so sehr, dass er auf sein Versprechen vergisst und sie anschreit: „Bleib bei ihnen in aller Hexen Namen mit all deinen Geschenken, und lass uns Menschen zufrieden, Gauklerin du!"[14] Indem Huldbrand diesen Satz ausspricht, verflucht er Undine, und sie muss zurück zu ihren ehemals Verwandten: den Wasserwesen.

> „[...] nur bleibe treu, dass ich sie dir abwehren kann. Ach, aber fort muss ich, fort muss ich auf diese ganz junge Lebenszeit. O weh, o weh, was hast du angerichtet! [...] Und über den Rand der Barke schwand sie hinaus. – Stieg sie hinüber in die Flut, verströmte sie darin, man wusst es nicht; es war wie beides und wie keins. Bald aber war sie in die Donau ganz verronnen; nur flüsterten noch kleine Wellchen schluchzend um den Kahn, und fast vernehmlich war's, als sprächen sie: O weh, o weh! Ach bleibe treu! O weh!"[15]

Nach einer kurzen Phase der Trauer beschließen Huldbrand und Bertalda, zu heiraten. Huldbrand denkt nicht an die Warnung, die Undine vor ihrem Sturz in die Donau aussprach und bricht somit den Schwur, ihr treu zu bleiben. Am Hochzeitstag gelingt es Undine, durch einen unverschlossenen Brunnen[16] den Weg zu Huldbrand zu finden. Als Konsequenz für seine Untreue muss sie sich rächen, oder zumindest den Willen der Wasserwelt befolgen und nach deren vorgegebenen Regeln handeln.

„Sie haben den Brunnen aufgemacht, sagt sie leise, und nun bin ich hier, und nun musst du sterben."[17]

Wehmütig verkündet sie dieses Urteil, für den Leser spürbar, dass sie ihm selbst ausgeliefert und dazu gezwungen ist, es zu vollstrecken. In Undines Sprache liegt noch so viel Liebe und

---

[13] Friedrich de la Motte Fouqué: Undine. Reclam Verlag, Stuttgart 2001. S. 48.

[14] Friedrich de la Motte Fouqué: Undine. Reclam Verlag, Stuttgart 2001. S. 85.

[15] Ebd. S. 85 f.

[16] Undine ließ die Brunnen immer mit einem großen Stein verschließen, damit keine Wasserwesen, z.B. ihr Onkel Kühleborn, sie belästigen konnten. Bertalda lässt nach Undines Tod die Brunnen wieder öffnen.

[17] Friedrich de la Motte Fouqué: Undine. Reclam Verlag, Stuttgart 2001. S. 96.

Zärtlichkeit, keine Spur von Groll oder Eifersucht kommt in ihr zum Vorschein. Huldbrands Unbeständigkeit scheint wie vergessen. Er selbst entdeckt die alten Gefühle zu „seiner Undine“ wieder und begreift, welche fatalen Fehler er begangen hatte. Alles, was ihm nun wichtig erscheint, ist, mit Undine vereint zu sein; ob im Leben oder im Tod.

> „[...] willst du mich denn noch ein einziges Mal sehn? Ich bin schön, wie als du auf der Seespitze um mich warbst.[18] – O, wenn das wäre! seufzte Huldbrand; und wenn ich sterben dürfte an einem Kusse von dir. – Recht gern, mein Liebling, sagte sie. [...] Bebend vor Liebe und Todesnähe neigte sich der Ritter ihr entgegen, sie küsste ihn mit einem himmlischen Kusse, aber sie ließ ihn nicht mehr los, sie drückte ihn inniger an sich, und weinte, als wolle sie ihre Seele fortweinen. Die Tränen drangen in des Ritters Augen, und wogten im lieblichen Wehe durch seine Brust , bis ihm endlich der Atem entging, und er aus den schönen Armen als ein Leichnam sanft auf die Kissen des Ruhebettes zurücksank.
> Ich habe ihn totgeweint!“

Romantisch und unheimlich zugleich mutet diese Passage an. Das miteinader-vereint-Sein nach dem physischen Dasein ist die Illusion (oder Möglichkeit) eines ewigen Beieinanderseins, die Vorstellung, Liebe könne alles – also auch den Tod – überstehen. Andererseits zeigt sich wieder die Unberechenbarkeit Undines, das Unmenschliche in ihr: sie tötet ihren eigenen Gemahl. Noch dazu gebraucht sie dafür Mittel, die einem „normalen“ Menschen unzugänglich sind, sie „weint ihn tot“, mit Tränen von unerklärlicher Kraft und Wirkung – als Nixe hat Undine die Macht, Wasser zu ihrem Werkzeug zu machen, wie der Leser es zuvor oft bei Kühleborn erfahren durfte.[19]

Das romantische Gefühl der gemeinsamen Ewigkeit verstärkend, endet das Märchen folgendermaßen:

> „An der Stelle, wo sie [Undine] gekniet hatte, quoll ein silberhelles Brünnlein aus dem Rasen, das rieselte und rieselte fort, bis es den Grabhügel des Ritters fast ganz umzogen hatte; dann rannte es fürder, und ergoss sich in einen stillen Weiher, der zur Seite des Gottesackers lag. Noch in späten Zeiten sollen die Bewohner des Dorfes die Quelle gezeigt, und fest die Meinung gehegt haben, dies sei die arme, verstoßene Undine, die auf diese Art noch immer mit freundlichen Armen ihren Liebling umfasse.“[20]

[18] Undine ist nun wieder ein Wasserwesen, wie sie es auf der Seespitze war; ihre Seele besitzt sie aber noch immer.

[19] Zum Beispiel umschließt er zu Beginn die Fischershütte mit einem See, damit Huldbrand nicht heimkehren kann. Erst nach der Ehelichung der beiden gibt er den Weg wieder frei.

[20] Friedrich de la Motte Fouqué: Undine. Stuttgart :Reclam Verlag, 2001. S. 99.

3.3. Undines Gestalt

Bei Fouqué ist Undines Glück im Gegensatz zum Glück der anderen Figuren nicht nur von ihr selbst und ihrem Handeln abhängig, sondern wird von den Personen um sie herum bestimmt: Ihr Vater entscheidet, sie solle eine Seele erlangen. Kühleborn führt Huldbrand zu ihr. Huldbrand heiratet Undine und schenkt ihr somit eine Seele, wodurch sich Undine grundlegend verändert. Huldbrand verflucht sie, betrügt sie und stürzt Undine und sich selbst damit ins Ungewisse. Undine wird beim näheren Hinsehen wie eine Marionette dargestellt, oder anders formuliert: wie ein Blatt im Wind, das es einmal hier- einmal dorthin trägt, ganz ohne sein Zutun. Sie verkörpert die passivste Rolle in der Erzählung. Das zuerst so lebhafte Wesen verliert, indem es seine Seele gewinnt, alles, was es ausmacht: Undine wird zu einem flachen Charakter, zu einem leblosen Ding, ohne Spitzen und Tiefen. Sie ist einfach nur *gut*, eine brave, bürgerlichidealbildliche Frau, die ihrem Mann untertänigst zu Diensten ist. Bei dieser Art von Selbstaufgabe wundert es, dass sie manchmal sogar noch einen Gedanken fasst, ohne Huldbrand vorher um Erlaubnis dafür zu fragen. Das emanzipierte, lustige Mädchen ist gestorben. An seiner Stelle steht nun etwas, das für Männer einfacher handzuhaben ist: die neue Undine, die Ehefrau, die eine Seele hat und sich deshalb züchtig benimmt.

Wird Undine nun bestraft oder belohnt? Kann man die erlangte Seele als positiv einstufen? Allgemein gesehen ja, im besonderen sage ich nein. Die Veränderung ihres Charakters ist ein Rückschritt, wobei die Fähigkeit zu leiden, mit Sicherheit eine Bereicherung darstellt; denn wie kann Freude genossen werden, wenn das Leid unbekannt ist? Im damaligen sozialhistorischen Kontext gesehen, wurde die Veränderung der Protagonistin als durchwegs positiv eingestuft,[21] weil sie ein bzw. *das* Idealbild der damaligen Zeit verkörpert. Ein Idealbild, das heute keinerlei Gültigkeit mehr hat und deshalb (vor allem von Frauen) nicht mehr verstanden werden kann. Die Ehe soll demnach eine Anpassung an (damals) gültige Rollenbilder und Konventionen zeigen, was gleichzeitig mit einer Unterwerfung der Frau zu tun hat. Undine gibt ihren eigenen Willen auf und legt ihr Leben in die Hände ihres Gemahls. Die gleichberechtigte Beziehung zwischen Mann und Frau, zwischen Undine und Huldbrand kann nur in der märchenhaften Abgeschiedenheit bei den Fischersleuten ausgelebt werden. In der Zivilisation, auf der Burg Ringstetten, ist dafür kein Platz, keine Akzeptanz oder auch nur die Möglichkeit einer solchen vorhanden.

---

[21] Vgl. Klaus Tieke: „Ich war so leicht, so lustig sonst.“ Zum Frauenbild in Friedrich de la Motte Fouqués Erzählung „Undine“. In: Praxis Deutsch 20,1993. S. 54 ff.

Mit der Verbannung zurück ins Wasser wird Undine bestraft. Nun hat sie eine Seele, kann Schmerz und Traurigkeit, Sehnsucht und Liebe empfinden und muss trotzdem von ihrem Liebsten getrennt sein. Die Unbeschwertheit, die sie vorher als Wassernixe hatte, kann sie nicht mehr ausleben. Doch warum wird sie bestraft? Ist es nur die Einfältigkeit Huldbrands, die sie ins Verderben stürzt oder hat Undine sich auch selbst einen kleinen Teil an Schuld und Verantwortung zuzuschreiben? Seit sie nämlich beseelt ist, gibt sie ihre Eigenverantwortung an Huldbrand ab. Sie wehrt sich nicht gegen seine aufkommende raue Art, sie spürt, dass er sie betrügen wird und spricht ihn nicht darauf an. Hätte sie mehr Verantwortungsbewusstsein sich selbst gegenüber und Eigeninitiative gezeigt, wäre sie nicht in diese Situation gekommen, ihr Leben wäre nicht eines, das von Männern bestimmt würde. Ich schlussfolgere also, dass Undine dafür bestraft wird, nicht sie selbst gewesen zu sein und sich aufgegeben zu haben. Sie war zu schwach, sich gegen die Männerwelt, die sie umgibt, durchzusetzen. Nachdem sie allerdings Huldbrand verzeiht und somit ihr reines Herz beweist, folgt die Belohnung (welcher Mann wünscht sich nicht, dass seine Frau ihm einen Seitensprung verzeiht, selbst aber bis über den Tod hinaus ihm treu bleibt?): es wird ihr ermöglicht, die Ewigkeit mit Huldbrand zu teilen. Ob dieses Privileg bei einem solchen Mann tatsächlich eines ist, sei dahingestellt.

4. Jean Giraudoux' „Undine"

4.1. Inhaltsskizze

Undine von Jean Giraudoux wurde 1938 geschrieben und am 4. Mai in Paris uraufgeführt. Auch bei Giraudoux spielt sich im wesentlichen die gleiche Geschichte ab. Das Fischerpaar Eugenie und Andreas findet Undine als Kind am Seeufer und deren wirkliche Tochter Bertha wurde, als sie sechs Monate alt war, gestohlen und an den Königshof gebracht. Der Ritter von Wittenstein, „[...]der einen Monat lang in diesem Wald nach Pharamund und Osmolde vergeblich gesucht hat[...]"[22] gelangt an die Hütte der Fischerleute. Als Undine ihren Ritter zum ersten Mal sieht, ist sie von seiner Schönheit begeistert. Für sie ist der Ritter Hans von Wittenstein vom ersten Moment an schön:

[22] Jean Giraudoux: Undine.Ditzingen:Reclam,2004. S.8.

„Wie schön du bist!"
„Ich sage, daß ich sehr glücklich bin: so schön sind also die Menschen… Mir bleibt das Herz stehen! ..."[23]

Die beiden verlieben sich in einander und obwohl Hans mit der Bertha verlobt ist, bittet der Ritter Undines Eltern um ihre Hand. Hans führt sie an den Hof. Sie will ihrem Geliebten Hans dienen:

„ Du mußt mich lehren, wie ich dir dienen soll, Gebieter Hans… Vom Aufstehen bis zum Schlafengehn darf ich in deinem Dienst keinen Fehler machen."[24]

Nur durch den Pakt, den Undine mit dem Wasserkönig abschließt, wird ihr die Hochzeit mit Hans erlaubt: wird er ihr untreu, wird sie zur Schande des Sees und er muss sterben. Schließlich heiraten Undine und Hans. Doch der Ritter gewinnt bald wieder Interesse an Bertha, seiner ehemaligen Verlobten. Im Königspalast beschimpft Undine Bertha und Hans:

„Schweig Du! Ich weiß wohl, was ich sage… <du bist schön, doch du bist dumm. Und das wissen die Frauen alle! Sie sagen sich: was für ein Glück, dass jemand dumm sein kann, der schön ist! Denn weil er schön ist, muß es herrlich sein, in seinem Arm zu ruhen, ihn zu küssen. Und weil er dumm ist, wird es nicht schwierig sein, ihn zu verführen. Weil er schön ist, gibt er uns alles, was gebückte Ehemänner und ängstliche Verlobte uns nicht geben. Doch unsern Herzen wird er nicht gefährlich, weil er so dumm ist!"[25]

Sie verrät der Königin ihr Geheimnis: dass Hans sterben wird, wenn Bertha ihn Undine abtrünnig macht. Die Königin rät Undine, wegzugehen:

„ Wenn du nicht leiden willst, wenn du Hans retten willst, versinke in der erstbesten Quelle… Geh fort!"[26]

Undine muss auf ihre Verbindung mit Hans bestehen bleiben. Sie versucht, Hans wiederzugewinnen und um ihn kämpfen. Sie erklärt der Königin ausdrücklich:

„[…] Zwanzig Mal am Tag will ich ihm sagen, daß sie schön ist und dass sie recht hat. Dann wird sie ihm gleichgültig werden, und dann hat sie auch nicht mehr recht. Jeden Tag will ich es einrichten, daß er sieht, wie sie vor ihm in der Sonne leuchtet, in herrlichen Kleidern. Und dann wird er nur noch mich sehen. Ich habe schon einen Plan. Bertha soll bei uns wohnen, im Schloß von Hans… Sie sollen ihr Leben gemeinsam verbringen: dann ist sie für ihn in weiter Ferne. Ich werde jeden Vorwand benutzen, daß sie allein bleiben, auf dem Spaziergang, zur Jagd, und sie werden sich wie in einer dichten Menge vorkommen. Ellbogen an Ellbogen werden sie ihre Manuskripte lesen;

---

[23] Ebd. S.12.
[24] Ebd. S.19.
[25] Ebd. S. 57.
[26] Ebd. S.62.

er wird zusehen, wie sie Initialen malt, Gesicht an Gesicht; sie werden sich streifen und sich berühren, und kommen sich so getrennt vor, daß sie sich nicht mehr begehren. Dann werde ich für Hans alles sein… Verstehe ich die Menschen nicht gut? Das ist mein Mittel…[…]“ [27]

Undine versucht, Hans‘ Untreue vor dem Wasserkönig zu verbergen und kehrt ins Wasser zurück, wird aber von dem Fischer nach sechs Monaten im See im Rhein gefangen und vor das Gericht gestellt. Sie lügt Hans vor, ihn mit Bertram betrogen zu haben:

„Hans: […] Ich klage diese Frau an, aus Liebe für mich zu beben, nur mich als Gedanken, als Speise, als Gott zu besitzen. Ich bin der Gott dieser Frau, habt ihr verstanden?[28]
[…] Die Liebe klage ich an: je wahrer sie ist, desto falscher beträgt sie sich; je leidenschaftlicher sie sich gibt, desto gemeiner empfindet sie. Denn diese Frau, die nur in der Liebe zu mir lebte, hat mich mit Bertram betrogen!“[29]

Undines Lüge hilft aber nicht, Hans vor dem Tod zu schützen. Als Beweis muss sie vor Hans, dem Wasserkönig, den Richtern und dem Volk Bertram küssen. Im Augenblick des Kusses sagt sie:

„Hans! Hans!“ [30]

Das reicht dem Wasserkönig, der denkt, erkannt zu haben, dass Undine Hans liebt und ihn nicht betrogen hat, das Gericht wird beendet und Undine muss zu ihren Schwestern ins Wasser zurückkehren. Sie gibt nun vor dem Wasserkönig zu, dass Hans ihr zuerst fremdgegangen ist:

„Ja, er ist mir untreu geworden. Ja, ich wollte dich glauben machen, ich hätte ihn zuerst betrogen. Aber miß mit unserer Maßen nicht das Gefühl der Menschen. Oft lieben Menschen die Frau, die sie betrügen. Oft ist am treusten, wer untreu ist. Viele auch betrügen die Frauen, die sie lieben, nur, um nicht stolz zu werden, um abzudanken, um sich klein vor der zu fühlen, die ihnen alles ist. Hans wollte aus mir seine Lilie machen, die Rose seiner Treue, die Unfehlbare, die nie versagt…. Er war zu gut… Er hat mich betrogen.“[31]

Wie ein richtiger Mensch bittet sie den Wasserkönig, Hans nicht zu töten. Doch der König gibt nicht nach. Noch ein letztes Gespräch findet zwischen Undine und Hans statt, danach verliert sie ihr Gedächtnis und er stirbt:

[27] Ebd. S.65.
[28] Ebd. S.87.
[29] Ebd. S.87.
[30] Ebd. S.90
[31] Ebd. S.93

„Es ist ein wahres Lebwohl. Wenn sich sonst zwei Liebende im Blick des Todes trennen, wissen sie schon, dass sie sich wieder sehen, im künftigen Leben sich finden ohne Ende, sich ohne Unterlaß zur Seite sind, ohne Unterlaß einander tief durchdringen- denn sie werden Schatten im gleichen Land sein. Sie haben sich getrennt, um sich nie zu trennen. Aber Undine und ich ziehen die Segel für immer nach getrennten Küsten auf, und ihr Ziel ist das Vergessen, meins das Nichts. Das muß man sich bewahren... Der erste Abschied, Undine, der seinen Namen verdient."[32]

4.2 Undines Gestalt

Giraudoux Undine ist ein Naturwesen. Ihre Herkunft ist das Wasser. Sie altert nicht und ist unsterblich. Sie lebt schon seit Jahrhunderten. Undine verliebt sich in Hans, will geheiratet werden und ihm dienen. Sie ist ein Wassergeist ohne Seele und als Wasserfrau kennt Undine keine Unterscheidung zwischen Authentizität und Fassade. Aus Liebe zu Hans versucht Undine unter größten Anstrengungen, menschliche Tätigkeiten zu erlernen und sich der menschlichen Gesellschaft anzupassen. Sie gibt sogar den Kontakt zu Wasserreich auf. Anders als Fouqués Undine verwandelt sie sich nicht erst nach der Eheschließung in eine brave Ehefrau, sie verkörpert dieses Bild bereits zu Beginn ihrer Bekanntschaft mit Hans. Da Undine weder schreiben, noch tanzen kann und in keiner Weise den Menschen ähnlich ist, misslingt ihr der Versuch der Integration. Die Beschreibung Undines von außen, durch die anderen Figuren des Dramas, erfolgt auf folgende Weise: Undine ist für die Königin ...., für den Fischer..., und für Hans... „Undine ist das mit sich selbst identische, vollkommene Wesen, das nicht eine Eigenschaft hat, sondern das jeweilige Charakteristikum für jede Figur des Dramas modellhaft repräsentiert." Im Unterschied zu Fouqués Undine stelllt Giraudoux' Undine eine ungebrochene Figur dar. Sie ist keine dämonische Verführerin. Das wird deutlich erkennbar, als sie, um Hans zu retten, das Wasservolk verrät. Es sind Cousinen Undines, die Undine von der Untreue ihres menschlichen Partners zu überzeugen versuchen. Undines Vorstellungen von Liebe gleichen einem Schema, das in keiner Weise psychologisch motiviert wird. Ihre unbedingte Liebe und ihre idealen Ansprüche stehen so fortwährend im Konflikt mit dem gesellschaftlichen Leben und seinen Konventionen. Ihre Liebe ist nicht menschenmöglich. Undine entspricht Hans' Ideal von der vollkommenen Liebe. Ihre Beziehung zu Hans zeichnet sich durch absolute Abhängigkeit aus. Er ist Undines einzige Autorität. Sie übernimmt die uneigentliche Sprache der Menschen und verrät auf diese Weise ihr Wasservolk. Hans betrügt sie und stürzt Undine ins Ungewisse. Sie verkörpert eine passive Rolle in der Erzählung, dadurch verliert sie ihr lebhaftes Wesen und verzweifelt.

[32] Ebd. S.97

Undine bittet die Königin um ihren Rat, weil sie selbst nicht weiß, wie sie Hans vor dem Tod retten soll. Die starke lustige Undine gibt es nicht mehr. Sie empfindet nur Traurigkeit, Schmerz und Verzweiflung, Gefühlsregungen, die menschlich sind. Trotzdem will sie weiter um ihren Hans kämpfen und ihn vor dem Tod retten. Sie wird in ihrem Habitus und ihrem Denken zu einem Menschen:

> „[...] auf dieser Erde, von Schönheit überdeckt, den einzigen Platz zu suchen, wo man Lüge, Verrat und alles Zweifelhafte trifft, und dort mit aller Kraft sich zu vergeuden- das ist es, was die Menschen glücklich macht. Wer da nicht mittut, wird den andern fremd. Je mehr man leidet, desto glücklicher! Ich bin glücklich. Ich bin die glücklichste."[33]

5. Ingeborg Bachmanns Biographie

Ingeborg Bachmanns Leben war durchzogen von Schmerz, Todesangst und dem Gefühl der Ohnmacht. Das Schreiben ermöglichte ihr das Überleben – bis sie im Feuer ihr Leben lassen musste. Sie wurde am 25. Juni 1926 in Klagenfurt geboren. Sie wuchs in beschränkten Verhältnissen auf.

Ihr Vater war Hauptschullehrer – ihm verdankte sie ihre offene und tolerante Einstellung anderen Ländern gegenüber, von ihm lernte sie auch Italienisch, die Sprache ihrer späteren Heimat. Ingeborgs Mutter führte einen Strickwarenbetrieb und stand dem Wunsch der Tochter, Philosophie zu studieren ebenso positiv gegenüber wie ihr Mann. Für Bachmann war die politische Situation in ihrer Zeit sehr prägend, der Krieg war für sie ein traumatisches Erlebnis.

Mit 18 Jahren begegnete sie ihrer ersten großen Liebe: Felician. Wer dieser Mann war, wie er in Wirklichkeit hieß und wo sie ihn getroffen hat, weiß niemand. Vielleicht ist er auch nur ein Produkt der Phantasie – geblieben sind jedenfalls die „Briefe an Felician", schwärmerische Briefe, nie abgeschickt. 1945 ging Ingeborg Bachmann nach Wien. Sie studierte Philosophie, Psychologie und Germanistik. Erst nach dem Studium begann sie ernsthaft zu schreiben: Gedichte, Erzählungen, Essays. In Wien, im „Kaffee Raimund", traf sich regelmäßig ein Kreis junger AutorInnen um Hans Weigel, einem unermüdlichen Förderer junger Talente. Dieser verhalf Bachmann zu ihren ersten Veröffentlichungen. 1948/49 wurden ihre ersten Gedichte in der Zeitschrift *Lynkeus* abgedruckt, 1949 erschienen verschiedene Erzählungen in Wiener Tageszeitungen und Zeitschriften. In dieser Zeit musste die Dichterin noch um Anerkennung kämpfen. Ihr analytischer Verstand und ihre Vorliebe für männliche

[33] Ebd. S.94.

Erzählerperspektiven lösten Befremden aus, Heimito von Doderer nannte sie beispielsweise höhnisch „den Bachmann". Für Ingeborg Bachmann sollte diese Zeit der Kränkungen immer mit Wien verbunden bleiben. Im Sommer 1950 reiste sie nach Paris, um den Dichter Paul Celan (Autor des bekannten Gedichts *Die Todesfuge*) wieder zu treffen, den sie in Wien kennen gelernt hatte. Eine Liebesgeschichte ohne Zukunft begann, Celan war durch die Kriegserlebnisse traumatisiert, hatte er doch seine Familie im Krieg, in einem Konzentrationslager, verloren. Im selben Jahr, nachdem sie keine Möglichkeit gefunden hatte, eine akademische Laufbahn einzuschlagen, nahm Ingeborg Bachmann einen Job als Script-Writer beim Radiosender Rot-Weiß-Rot, der damals unter amerikanischer Aufsicht steht.
1952 begegnete sie Hans-Werner Richter, dem Gründer der *Gruppe47* – in diesem Zusammenschluss trafen sich deutsche AutorInnen, VerlegerInnen und KritikerInnen der Nachkriegszeit. Richter erkannte Bachmanns Talent und lud sie zu einem Treffen der LiteratInnenrunde ein, Bachmann las Gedichte der *Gruppe 47*. 1953 wurde ihr der Literatenpreis der *Gruppe 47* zugesprochen. Damit begann ihr Durchbruch. Sie gab ihren festen Job auf und begegnete in dieser Zeit auch Hans Werner Henze, mit dem sie eine lange Freundschaft verbinden sollte. Sie verbrachten viel gemeinsame Zeit in Italien, auf der Insel Ischia. Henze setzte Ingeborg Bachmann jedoch unter Druck, für ihn zu schreiben und sie floh immer öfter nach Neapel und nach Rom, wo sie sich heimlich eine Wohnung nahm. In dieser Zeit (1954) erschien ihr erster Gedichtband: *Die gestundete Zeit*, der Bachmann nahezu berühmt machte, sie erschien beispielsweise auf dem Titelblatt des Nachrichtenmagazins *Der Spiegel*. Ingeborg Bachmann wurde zu einer der rätselhaftesten Figuren der deutschsprachigen Nachkriegsliteratur. Sie blieb in Italien, da sie einerseits sehr auf ihre Privatsphäre bedacht war; andererseits aber auch schillernde Figur auf den Partys der römischen „guten" Gesellschaft. Es erschien ein zweiter Gedichtband: *Anrufung des großen Bären*. Preise, Ehrungen, Lesungen, Interviews – für Bachmann wurde dieser Kontakt zur Außenwelt jedoch immer anstrengender. Bachmann wurde auch politisch aktiv und protestierte gemeinsam mit anderen KünstlerInnen gegen die Atombewaffnung der Bundesrepublik Deutschland (1958). 1957/1958 lebte sie in Deutschland, da ihr das Bayrische Fernsehen einen Job als Dramaturgin angeboten hatte – die feste Anstellung ermöglichte ihr eine Verschnaufpause vom Leben als freie Autorin. In dieser Zeit begegnete sie auch dem wesentlich älteren Max Frisch, welcher mit ihr Kontakt aufnimmt, nachdem er ihr berühmtes Hörspiel „Der gute Gott von Manhattan" gehört hatte. Für kurze Zeit lebten die beiden in Rom zusammen, es gab mehrere Trennungen und Wiedervereinigungen, die endgültige Trennung erfolgte im Jahr 1963. Bachmann blieb in Rom. Man hat relativ wenig über

Bachmanns Privatleben erfahren können und muss sich sicherlich davor hüten, jeden Satz ihres Werkes als autobiographisch zu werten. Doch die Verletzungen, die durch Liebe entstehen können, sind in vielen ihrer Texte erkennbar. In dieser Zeit schrieb Bachmann nur noch wenige Gedichte, die letzten ca. 1967. Mit ganzer Kraft widmete sie sich nun der Prosa. Für ihren ersten Erzählband *Das dreißigste Jahr* erhielt sie den begehrten *Literaturpreis des Verbandes der deutschen Kritiker*. Einige Jahre lang wurde es nun relativ still um die Dichterin. 1968 wurde ihr der *Große österreichische Staatspreis* zugesprochen. 1971 erschien der Roman *Malina*, der erste aus einem geplanten Zyklus mit dem Titel *Todesarten*, der nie vollendet wird. Bachmann war mit den Jahren immer mehr von Medikamenten abhängig geworden, sie war starke Raucherin. Am 17. Oktober 1973 starb sie nach drei Wochen Koma in einem römischen Krankenhaus. Sie hatte im Bett geraucht, Feuer gefangen und so starke Brandwunden erlitten, dass nichts mehr für sie getan werden konnte.[34]

6. Ingeborg Bachmanns *Undine geht*

Ingeborg Bachmanns *Undine geht* ist vom Verlag als Erzählung angekündigt, von der Kritik als lyrisches Prosastück bezeichnet, ist Undines Rede

> „eine Rede Erzählung, die fast ein Gedicht, ist ein Gedicht, das fast ein Monodrama ist. [...] Ähnliches zeigt sich in der Art des Reden : Es ist Klage, die Satire, Satire, die ein Hymnus ist."[35]

Undine geht ist eine Anklage einer Frau gegen die Männer und wird aus der Sicht Undines gehalten. Schon der Titel kündigt ihren Abschied an. Ihre Adressaten werden gleich zu Beginn ihrer Anklagerede genannt:

> „ Ihr Menschen! Ihr Ungeheuer!
> Ihr Ungeheuer mit Namen Hans!"[36]

Also zusammengefasst gegen die Männer, die für Liebe keinen Wert haben.

In einem Interview mit Ingeborg Bachmann fragte man sie direkt, ob es sich in *Undine geht* vielleicht um die Autorin selbst handelt. Sie antwortete darauf:

> „Sie ist meinetwegen ein Selbstbekenntnis. Nur glaube ich, dass es darüber schon genug Missverständnisse gibt. Denn die Leser und auch die Hörer identifizieren ja sofort – die

[34] Vgl. Maren Gottschalk: Ingeborg Bachmann. In: S. Härtel/M. Köster (Hrsg.): Ich werde niemand zu Füßen liegen – acht Künstlerinnen und ihre Lebensgeschichte. Basel, Berlin: Beltz & Gelberg, 1999, 2003

[35] Katja Behrens: Im Wasser tanzen. Frankfurt am Main: Fischer 1993.S.65.

[36] Ingeborg Bachmann: Undine geht. In : Ingeborg Bachmann. Werke. Zweiter Band : Erzählungen. Herausgeber : Christine Koschel, Inge von Weidenbaum, Clemens Münster. München: R. Piper & Co Verlag. S.253.

> Erzählung ist ja in der Ich-Form geschrieben – dieses Ich mit dem Autor. Das ist keineswegs so. Die Undine ist keine Frau, auch kein Lebewesen, sondern, um es mit Büchner zu sagen, >>die Kunst, ach die Kunst<<. Und der Autor, in dem Fall ich, ist auf der anderen Seite zu suchen, also unter denen, die Hans genannt werden."[37]

Somit stellt sich Bachmann auf die menschliche Seite, wendet sich von der Kunstfigur der Undine ab und macht sich nur zu ihrer Produzentin. Sie identifiziert sich eher mit Hans und schafft so im künstlerischen Sinn ein unglückliches Wesen: Undine, die in der Realität von Männern namens Hans geschaffen wird.

6.1. Undines Gestalt

Bachmanns Undine ist kein Naturwesen: Sie gehört zwar einem Element an (wie bei Fouqué und Giraudoux ist Undine eng mit dem Wasser verbunden) ist aber der Gestalt nach rein menschlich. Die Grundidee der emanzipierten Frau als inhumaner Naturgeist kommt bei ihr nicht vor. Emanzipation ist bei Bachmann die Grundvoraussetzung des Textes und wird als selbstverständlich integriert. Ansonsten würde sich Undine nicht immer wieder von den Männern, von den Hansen, abwenden. Indem sie alle Männer, von denen sie enttäuscht worden ist, gleich nennt, nimmt sie ihren Partnern die Individualität und entemanzipiert sie nahezu.
Im Gegensatz zu den Menschenfrauen und zu den anderen Undinen benützt sie keine weiblichen Machtmittel um die Männer zu beeinflussen:

> „Die heftigen Menschfrauen schärfen ihre Zungen und blitzen mit den Augen, die sanften Menschenfrauen lassen still ein paar Tränen laufen, die tun auch ihr Werk."[38]

Bachmanns Undine ist ein vielschichtigeres Wesen als ihre Vorgängerinnen. Sie wird nicht auf Natürlichkeit und Sinnlichkeit reduziert. Sie ist

> „[...] mit allen Wassern gewaschen, [...] den hellen Wassern der Hochsee und der zaubrischen Tümpel."[39]

---

[37] Christine Koschel und Inge von Weidebaum: Ingeborg Bachmann: Wir müssen wahre Sätze finden. Gespräche und Interviews. München und Zürich 1994. S. 46.
[38] Ingeborg Bachmann: Undine geht. In : Ingeborg Bachmann. Werke. Zweiter Band : Erzählungen. Herausgeber : Christine Koschel, Inge von Weidenbaum, Clemens Münster. München: R. Piper & Co Verlag,1978. S. 255.
[39] Ebd. S.255.

Ihr selbstbestimmter, emanzipierter Charakter lässt darauf deuten, dass Undine kein Mangelwesen ist, das sich mit Hilfe eines Mannes vervollständigen muss. Sie kann eher als ein Idealbild aller Frauen interpretiert werden, das sich über die Grenzen der typischen Frauenrolle hinweg setzen will.

> „Als vollständiges Wesen ist Undine, die Liebende, nicht funktional von der Liebe des Mannes abhängig. Undine liebt Hans nicht, weil sie ihn braucht, sondern sie braucht ihn, weil sie ihn liebt."[40]

Hier zeigt sich ihre scheinbare Unabhängigkeit. Ist sie also nicht von einem Mann abhängig, so ist sie es doch von der Liebe und benötigt die Erfüllung dieser, um glücklich sein zu können. So emanzipiert Undine scheinen mag, lebt sie doch in einer gewissen Abhängigkeit; nämlich in einer Abhängigkeit ihrer eigenen Gefühle gegenüber. Wäre sie ein seelenloses Wesen wie Fouqués oder Giraudoux' Undine, könnte sie solche Emotionen gar nicht in sich tragen: Bachmanns Undine ist demnach mit viel menschlicheren Zügen ausgestattet als diese.

Die Wassersymbolik interpretiere ich hier als das Unbewusste, dessen sie sich bewusst ist, mit dem sie eng in Verbindung und mit dem sie zu kommunizieren in der Lage ist. Dieser Aspekt ist ein im klassischen Sinn sehr weiblich konnotierter, er steht eng in Zusammenhang mit dem Begriff der Intuition.
„Die nasse Grenze zwischen mir und mir..."[41]
Diese Grenze, die sie hier anspricht, kann als Grenze zwischen Bewusstsein und Unterbewusstsein ausgelegt werden oder, wenn man es so will, als die Grenzen zwischen den Instanzen Freunds des Über-Ichs, des Ichs und des Es. Da zwischen Undine und dem Element des Wassers eine engere Verbindung besteht, als zwischen *normalen* Menschenfrauen und den Elementen, ist sie der Natur, das dem Es nahe steht, eher zugewandt. Daraus ergibt sich ein stärkeres Zusammenwirken zwischen der Triebinstanz des Es und den beiden anderen Instanzen, dessen sie sich durchaus bewusst ist.

Ihre Selbstbestimmtheit erkennt man auch in ihrer Handlungsweise: Undine gibt sich nicht für den Menschen, den sie liebt, auf. Sie unterzieht sich keinen Veränderungen ihres Charakters, um seinen Vorstellungen zu entsprechen und in sein Idealschema zu passen. Bachmanns Undine pocht auf ihre Individualität. Sie liebt nicht, um einen Lohn dafür zu erhalten

---

[40] Erich Fromm: Die Kunst des Liebens. Frankfurt am Main:Ullstein.1986. S.52

(Fouques Undine wollte eine Seele gewinnen), sie liebt um der Liebe Willen. Es scheint sogar, als ob es nicht darum ginge, wen sie liebt, denn so individuell sie sich selbst sieht, so gewöhnlich, gleichartig und inspeziell sind ihre Partner:

> „Ja, diese Logik habe ich gelernt, daß einer Hans heißen muß, daß ihr alle so heißt, einer wie der andere, aber doch nur einer. Immer einer nur ist es, der diesen Namen trägt, den ich nicht vergessen kann, und wenn ich euch alle vergesse, wie ich euch ganz geliebt habe. [...] Ich habe einen Mann gekannt, der hieß Hans, und er war anders als alle anderen. Noch einen kannte ich, der war auch anders als alle anderen. Dann einen, der war ganz anders als alle anderen und er hieß Hans, ich liebte ihn."

Indem Undine jeden ihrer Hansen als anders bezeichnet, macht sie sie schon wieder zu denselben und nimmt ihnen ihre Einzigartigkeit.
Als Liebende wird Undine jedes Mal wie ihre Vorgängerinnen von Hans betrogen und somit zum geopfert.

> „Ihr habt die Ältere rasch aufgerichtet und mich zum Opfer gebracht. Hat mein Blut geschmeckt? Hat es ein wenig nach dem Blut der Hindin geschmeckt und nach dem Blut des weißen Wales?"[42] [43]

Im Unterschied zu den bisherigen Undinen nimmt Bachmanns Undine die Opferung nicht willen- und hilflos an, sie kritisiert sie und klagt Hans an:

„ Hat mein Blut geschmeckt?"[44]

Obwohl sie anklagt, was traditionelle Undinen nicht tun, leidet Bachmanns Undine ebenso wie diese:

> „ Die Welt ist schon finster, und ich kann die Muschelkette nicht anlegen. Keine Lichtung wird sein. Du anders als die anderen. Ich bin unter Wasser. Bin unter Wasser."[45]

---

[41] Ingeborg Bachmann: Undine geht. In : Ingeborg Bachmann. Werke. Zweiter Band : Erzählungen. Herausgeber : Christine Koschel, Inge von Weidenbaum, Clemens Münster. München: R. Piper & Co Verlag, 1978. S.254.

[42] Ingeborg Bachmann: Undine geht. In : Ingeborg Bachmann. Werke. Zweiter Band : Erzählungen. Herausgeber : Christine Koschel, Inge von Weidenbaum, Clemens Münster. München: R. Piper & Co Verlag,1978.S.260.

[43] Hindin ist dem keryneiischen Mythos nach eine Hirschkuh, die Herakles lebend fangen sollte, um seine Schuld zu begleichen. Herakles erfüllt diese Aufgabe und bringt die Hindin unverletzt nach Mykene. Eine andere Geschichte (Euripides) stellt die Hindin als „herrenloses, die Felder verwüstendes Ungeheuer, das Herakles nach einem harten Kampf auf dem Gipfel des Berges Aremission opferte"[43] dar. Daraus ergibt sich ein Zwiespalt in der Charakterisierung der Hindin, die ebenso auf Undine angewendet werden kann: Einerseits wird sie als Symbol der Weisheit gezeichnet, andererseits als Chaos, als zerstörerische Macht, die es einzudämmen gilt.

[44] Ingeborg Bachmann: Undine geht. In : Ingeborg Bachmann. Werke. Zweiter Band : Erzählungen. Herausgeber : Christine Koschel, Inge von Weidenbaum, Clemens Münster. München: R. Piper & Co Verlag, 1978. S.260.

In diesem Augenblick gibt Undine Hans auf. Sie verzichtet auf seine Liebe. Jedoch nicht, um sich allein weiterentwickeln zu können, sich selbst näher zu kommen, sondern, um – wie am Ende angedeutet – eine neue Liebe zu finden, die sie möglicherweise nicht enttäuscht.
Sie ist keinesfalls eine dämonische Verführerin, die darauf bedacht ist, Männer in die Tiefen des Unglücks zu ziehen. Im Gegenteil: Sie zeigt ihrem Geliebten eine andere Art, zu leben, die neuen Sinn im Dasein herbeiführen kann, die ihm die Augen öffnet.

> „Denn das war eure wirkliche große verborgene Idee von Welt, und ich habe eure große Idee hervorgezaubert aus euch, eure unpraktische Idee, in der Zeit und Tod erschienen und flammten, alles niederbrannten, die Ordnung, von Verbrechen bemäntelt, die Nacht, zum Schlaf missbraucht."[46]

In diesem Zitat ist erkennbar, dass Undine ihrem Hans neue Lebensperspektiven eröffnet. Er also nicht sie, sondern vielmehr sie ihn rettet.
Diese Handlungsweise unterscheidet Bachmanns Undine von der klassischen. Das ursprüngliche Motiv, in dem der Mann als Retter fungiert, ist aufgehoben. Hier ist die Frau diejenige, die rettet – ein wesentlicher Punkt der Darstellung einer emanzipierten Naturfrau der Gegenwart, die „ihren Mann erlöste".[47]

Die Bachmannsche Undine scheint nicht von der Liebe abhängig zu sein, um eine menschliche Identität zu erhalten. Der Betrug des Mannes trifft sie zwar wie ihre Vorgängerinnen, wiegt aber nicht so schwer, als dass sie sich selbst aufgeben würde.

7. Resümee

Zuerst muss ich bemerken, dass bei Ingeborg Bachmanns *Undine geht* die Vorgeschichte der Undine nicht bekannt ist. Die Hauptparallele liegt in allen drei Texten in der Liebesbeziehung zwischen Undine und einem Mann und im Verrat des Mannes an der Frau. Im Unterschied zu Fouqué und Giraudoux tötet Undine ihren Mann nicht. Das Motiv des Kusses, von dem der Mann stirbt, wird hier nur kurz angesprochen:

---

[45] Ebd. S. 262.
[46] Ebd. S. 257.
[47] Vgl. den Titel der Märchensammlung: Die Frau, die auszog, ihren Mann zu erlösen. Sigrid Früh: Europäische Märchengesellschaft. Kassel: Röth,1985.

„[…] der Unbekannten, die auf euren Hochzeiten den Klageruf anstimmt, auf nassen Füßen kommt und von deren Kuß ihr zu sterben fürchtet, so wie ihr zu sterben fürchtet, so wie ihr zu sterben wünscht[…]".[48]

In allen drei Texten findet man folgende Themen: Liebe zwischen Undine und Mann, Unrecht des Mannes an der Frau, absolute Liebe der Frau, Einsamkeit der Frau, Zeit, Tod und Erinnern.

Bachmanns Undine scheint nicht von der Liebe abhängig sein, um eine menschliche Identität zu erhalten. Sie steckt ihre Persönlichkeit nicht zurück und ändert ihren Charakter nicht für einen Mann. Sie ist selbstbewusst und emanzipiert. Sie stellt weder das Bild einer Leidenden und Liebenden noch der bedrohlichen Verführerin dar. Der Betrug des Mannes trifft sie zwar wie ihre Vorgängerinnen, vermag aber nicht ihr Selbst zu zerstören. Sie überlässt sich nicht willenlos ihren Leidens-, schon gar nicht ihren Rachengefühlen; ihren Schmerz setzt sie um in Protest. Undines Vorgängerinnen haben nur eine Möglichkeit, eine menschliche Identität zu erlangen: Sie müssen geliebt und geheiratet werden. So wiegen der Betrug und der Verrat noch schwerer. Sie drücken den Schmerz durch Tränen aus. Fouqués Undine rächt sich, in dem sie ihren Mann sterben lässt.

In Fouqués Erzählung macht Undine auf sich aufmerksam durch ihr „Gekicher"[49], die Bachmannsche Undine lässt ihr „gurgelndes Gelächter"[50] vernehmen.

Giraudoux gibt dem Mann seiner Undine den Namen Hans und bei Bachmann ist auch „einer, der Hans heißen muß".[51] Beide Undinen können nicht aufhören, den Namen zu rufen:

„[…] dann ist doch der Name noch da, der sich fortpflanzt unter Wasser, weil ich nicht aufhören kann, ihn zu rufen, Hans, Hans…."[52]

Der Gedanke an die Schande, die Undine Hans bringt, findet sich ebenso bei Giraudoux als auch bei Bachmann:

„Gern habt ihr gespielt mit dem Gedanken an Fiasko, an Flucht, an Schande, an die Einsamkeit, die euch erlöst hätten von allem Bestehenden."[53]
„Wenn er dir untreu wird, bist du die Schande des Sees!"[54]

---

[48] Ingeborg Bachmann: Undine geht. In : Ingeborg Bachmann. Werke. Zweiter Band : Erzählungen. Herausgeber : Christine Koschel, Inge von Weidenbaum, Clemens Münster. München: R. Piper & Co Verlag, 1978. S. 260.

[49]Friedrich de la Motte Fouqué: Undine. Stuttgart: Reclam Verlag, 2001. S.10.
[50]Ingeborg Bachmann: Undine geht. In : Ingeborg Bachmann. Werke. Zweiter Band : Erzählungen. Herausgeber : Christine Koschel, Inge von Weidenbaum, Clemens Münster. München: R. Piper & Co Verlag,1978. S. 256
[51] Ebd. S. 253
[52] Ebd. S. 253
[53] Ebd. S. 257

Die Möglichkeit, ihn weiter zu lieben, schließt Undine am Ende nicht aus. Auch Giraudoux' Undine ruft am Ende:

> „Wie hätt ich ihn geliebt!“[55]

Anders als bei Fouqué und Giraudoux geht Bachmanns Undine aus der Menschenwelt nicht für immer. Ihr Rückzug ist nicht endgültig. Vielmehr besteht die Wahrscheinlichkeit, dass Undine nach überwundener Trauer wieder auftaucht und sich ihren nächsten Hans holt, mit dem sie ihre Liebesgeschichte wiederholen kann.

---

[54] Jean Giraudoux: Undine.Ditzingen:Reclam,2004. S. 35

[55] Ebd. S.101

Literatur

Primärliteratur

Jean Giraudoux: Undine.Ditzingen:Reclam,2004.

Ingeborg Bachmann. Werke. Zweiter Band : Erzählungen. Herausgeber : Christine Koschel, Inge von Weidenbaum, Clemens Münster. München: R. Piper & Co Verlag, 1978.

Friedrich de la Motte Fouqué: Undine. Stuttgart: Reclam Verlag, 2001.

Sekundärliteratur

S. Härtel/M. Köster (Hrsg.): Ich werde niemand zu Füßen liegen – acht Künstlerinnen und ihre Lebensgeschichte. Basel, Berlin: Beltz & Gelberg, 1999, 2003.

Katja Behrens: Im Wasser tanzen. Frankfurt am Main: Fischer 1993.

Erich Fromm: Die Kunst des Liebens. Frankfurt am Main:Ullstein.1986.

Christine Koschel und Inge von Weidebaum: Ingeborg Bachmann: Wir müssen wahre Sätze finden. Gespräche und Interviews. München und Zürich 1994.

Klaus Tieke: „Ich war so leicht, so lustig sonst." Zum Frauenbild in Friedrich de la Motte Fouqués Erzählung „Undine". In: Praxis Deutsch 20,1993.

Arno Schmidt: Das essayistische Werk zur deutschen Literatur in 4 Bänden. Sämtliche Nachtprogramme und Aufsätze. Bd. 3, Zürich 1988.

Jürgen Jannig: Vom Menschenbild im Märchen. Kassel: Röth, 1981.

Sigrid Früh: Europäische Märchengesellschaft. Kassel: Röth,1985.

Dorothe Schuscheng: Arbeit am Mythos Frau. Frankfurt am Main: Peter Lang, 1987.